NOTICE
SUR M. MAGNIER

ANCIEN CURÉ DE RECEY-SUR-OURCE

CONFESSEUR DE LA FOI EN 93

NOTICE

SUR

M. MAGNIER

ANCIEN CURÉ DE RECEY-SUR-OURCE

CONFESSEUR DE LA FOI EN 93

PAR

M. L'ABBÉ FRÉROT

CURÉ DE VERREY-SOUS-SALMAISE

DIJON

MANIÈRE-LOQUIN, LIBRAIRE-ÉDITEUR

PLACE D'ARMES, 22

APPROBATION

DE MONSEIGNEUR L'ÉVÊQUE DE DIJON.

Nous, Évêque de Dijon,

Autorisons volontiers M. l'abbé Frérot, curé de Verrey-sous-Salmaise, auteur de la Notice publiée dans la *Chronique religieuse* de Dijon, sur M. l'abbé Magnier, ancien curé de Recey-sur-Ource, à reproduire cette Notice en brochure.

Ce sera un moyen de perpétuer le souvenir de ce saint prêtre et de s'édifier au récit des principaux traits de sa vie.

Dijon, en la fête de saint Martin, évêque de Tours, le 11 novembre 1865.

† FRANÇOIS,

Évêque de Dijon.

NOTICE

SUR

M. MAGNIER

ANCIEN CURÉ DE RECEY-SUR-OURCE

CONFESSEUR DE LA FOI EN 93

I

Naissance et baptême de M. Magnier. — Ses parents. — Ses premières années. — Son portrait.

Monsieur Magnier naquit à Langres, sur la paroisse Saint-Martin, le 25 avril 1744, et le même jour il fut porté à l'Eglise pour recevoir le sacrement de Baptême. Il y reçut les noms de Jean-Etienne, noms glorieux, qui portent avec eux une signification particulière : car ils rappellent délicieusement la douceur, la bonté de l'Apôtre bien-aimé, et le pardon des injures pratiqué d'une manière sublime par le premier martyr. Ce devaient être là aussi les vertus caractéristiques du digne prêtre sur lequel nous avons essayé de recueillir quelques renseignements.

Jean-Etienne Magnier ne fut pas de ceux qui naissent à l'ombre d'une brillante fortune ou d'un nom illustre. Son père, nommé Simon Magnier, n'exerçait qu'une modeste profession à Langres; il était *marchand perruquier,* dit l'acte de baptême de son fils. Mais il avait, ce qui vaut mieux que les biens et les honneurs de ce monde, il avait la foi du chrétien et cette probité consommée qui, d'ailleurs, obtient facilement la considération des honnêtes gens.

Le même acte nous apprend que M. Magnier eut pour parrain *Etienne Bonnyn, imprimeur,* et pour marraine *Jeanne Humblot,* femme de *Pierre Boutville, maître boulanger.*

Quant à sa mère, elle s'appelait Marguerite Juy; elle partageait avec son mari les sollicitudes de la vie, mais surtout le soin d'élever dans la crainte de Dieu la petite famille dont la Providence les avait favorisés. Heureuse mère, qui devait donner à l'Eglise un saint prêtre, un vrai confesseur de la foi! Elle eut deux fils : celui dont nous parlons, et un autre qui mourut architecte à Versailles, laissant, avec une petite fortune dont son frère hérita, une bonne réputation et des souvenirs honorables.

Aidé des leçons de sa pieuse mère, M. Magnier apprit de bonne heure ces principes d'honneur et de religion qui ne se démentirent jamais dans sa conduite et qui annoncent toujours une solide éducation première. Ces éléments de bien furent encore développés chez lui par la fréquentation des catéchismes et par l'assiduité aux écoles. La ville de Langres possédait dès lors un collége et des séminaires bien dirigés. Ce fut là, sous les yeux de ses parents, qu'il fit ses premières études, ses humanités et sa théologie, et qu'il se prépara à recevoir l'onction sacerdotale. M. Magnier n'était pas doué de talents prodigieux; mais il avait tout ce qu'il faut pour faire un bon prêtre et opérer le bien. Chez lui le jugement, un jugement sûr et ferme, remplaçait l'imagination. Il avait le travail pénible et difficile, sa parole se ressentait de ce défaut. Il s'exprimait avec lenteur, embarras, et cependant, dès qu'il parlait, soit en public, soit en particulier, sa voix trouvait un écho dans les cœurs. C'est que la bonté, la douceur, la charité, les vertus modestes, enfin, ont un attrait et une éloquence à laquelle n'atteignent pas toujours les plus beaux esprits. Il n'était pas complétement étranger aux arts d'agrément; il connaissait un peu le dessin. Il a esquissé de sa main une *Vue de Recey*, que l'on conserve encore comme un précieux souvenir. — Il avait une taille élevée et imposante ; mais ses traits n'offraient rien de remarquable, au point de vue de la beauté purement physique. Sa beauté était toute intérieure, toute surnaturelle. Il portait sur sa figure les empreintes de la petite vérole ; mais cette maladie ne lui avait pas enlevé cet air aimable et grave tout à la fois qui lui gagnait l'affection. En somme, l'ensemble de sa physionomie représentait un homme bon, affable, sympathique, mais ferme et énergique au besoin.

Tel est, en peu de mots, le portrait de M. Magnier, d'après les témoignages que nous avons recueillis de la bouche même de ceux qui l'ont vu et connu.

II.

Arrivée de M. Magnier à Recey. — Etat de la paroisse. — Moyens qu'il emploie pour entretenir et fortifier la foi de son peuple.

Le manque de renseignements nous oblige à passer sous silence une grande partie de sa vie, et à venir le rejoindre seulement à sa première entrée dans la paroisse de Recey-sur-Ource. Encore, ici, n'aurons-nous que peu de détails à donner, avant qu'il soit question des événements qui précédèrent son départ pour l'exil. C'est en 1785 qu'il fut nommé curé de Recey. Il avait 41 ans.

A cette époque, ce bourg, bien qu'éloigné de centres importants (1), se ressentait déjà néanmoins des mauvaises doctrines du xviii⁰ siècle ; mais la majeure partie des habi-

---

(1) Recey est un joli bourg, placé en amphithéâtre sur le versant d'une colline qui voit couler à ses pieds, dans un vallon étroit et pittoresque, la petite rivière d'Ource. Il regarde deux autres collines couronnées de *magnifiques forêts qui lui servent de perspective*. (Le P. Lacordaire.) Il est situé à 59 kilomètres de Dijon et à 27 de Châtillon.

tants avaient conservé des idées saines et les grands principes de la religion. Le mal y était représenté par quelques hommes un peu plus influents ou un peu plus remuants que les autres. Nous les verrons à l'œuvre, quand l'iniquité sera sur le point de se consommer. Le bien avait aussi ses défenseurs dans un grand nombre de familles, qui sont restées fidèles, même dans le danger, au prêtre qui venait les soutenir par sa parole et par son exemple. Parmi ces familles, on peut citer particulièrement les familles Febvre, Rouhier, Genevoix, Lacordaire, Bonnefoi, etc. Plusieurs d'entre elles ont encore à Reccy des descendants qui n'ont pas dégénéré de leurs ancêtres.

A peine installé, M. Magnier comprit qu'il avait une grande mission à remplir, et il fut à la hauteur de sa tâche. Aux fausses doctrines, il opposa le véritable enseignement de la foi dans un langage si conciliant et si paternel, que personne ne pouvait y trouver le moindre sujet de récrimination ou de mécontentement. Mais ce qui valait encore mieux que sa prédication, c'était sa charité pour les pauvres. Souvent il s'imposait des privations pour les soulager, ou pour sortir d'embarras des débiteurs pressés par leurs créanciers; et, quand ses maigres revenus ne lui permettaient pas de subvenir à l'adoucissement de leurs besoins, il payait de sa personne : il s'interposait entre le riche et le pauvre, et obtenait presque toujours de bons résultats. Il en était de même des différends qui s'élevaient entre ses paroissiens. Sa bonté, sa modération, son esprit de conciliation, lui dictaient des paroles qui triomphaient de tous les obstacles. C'est ainsi qu'il cherchait à entretenir la concorde, la bonne harmonie et les sentiments de vraie fraternité au milieu de son peuple, qui l'aimait comme un père. Ses ennemis eux-mêmes, c'est-à-dire ceux dont il ne pouvait partager les principes, étaient obligés de le respecter et de reconnaître ses excellentes qualités.

Pour placer son ministère sous des auspices plus élevés encore que sa charité, il eut recours à un autre moyen non moins efficace, la dévotion à la sainte Vierge. Un de ses prédécesseurs, à une date déjà ancienne, avait établi dans la paroisse la Confrérie du Saint-Scapulaire, et l'Eglise possédait une image miraculeuse de Notre-Dame du Mont-Carmel (1) que la révolution n'a point respectée. Comme il trouvait dans cette institution une source de consolations pour lui et d'édification pour ses paroissiens, il n'eut garde de négliger ce moyen de salut que le ciel avait mis entre ses mains : il employa une partie de son zèle à le cultiver et à développer ainsi le culte de la sainte Vierge. Il y réussit si bien, qu'à son retour de l'exil il retrouva cette dévotion toute vivante dans les cœurs, et qu'aujourd'hui encore elle est en grand honneur dans cette paroisse.

III.

Evénements précurseurs des mauvais jours. — Obligation du serment à la constitution civile du clergé; noble conduite de M. Magnier en cette circonstance, et en présence d'autres actes violents et injustes.

Mais les mauvais jours arrivaient, et les événements qui devaient leur servir de prélude se succédaient avec une effrayante rapidité. Le 5 mai 1789 avait eu lieu l'ouverture des Etats généraux qui, un mois après, prenaient le nom d'Assemblée nationale. — Le 4 août, abolition des titres de noblesse; — le 13 février 1790, suppression des ordres religieux et des vœux monastiques, et spoliation

---

(1) Les miracles opérés par l'intercession de Notre-Dame du Mont-Carmel à Recey, sont consignés dans les actes religieux tant de Recey que de Menesbles, et attestés par des personnes très-recommandables. Ils sont au nombre de cinq ou six. Il y a la guérison d'une jeune fille de six ans, qui était percluse de tous ses membres. Les autres sont des résurrections d'enfants nouveau-nés et morts sans baptême, qui reviennent à la vie assez de temps pour recevoir ce Sacrement.

des biens du clergé; — le 12 juillet, apparition de la *Constitution civile du Clergé*, qui, en changeant le nombre et les limites des diocèses en France, et réglant de nouvelles formes pour l'institution canonique des Evêques, proclamait ouvertement le schisme; — le 27 novembre, obligation pour tous les évêques et pour tous les prêtres de prêter serment à cette *Constitution*.

On avait fixé pour la prestation de ce serment un délai, au delà duquel tout réfractaire porterait la peine de son refus par la déportation (octobre 1791). Mais, comme la persécution n'était pas encore définitivement ouverte, ce ne fut qu'en 1792, après un nouveau décret de l'Assemblée législative portant obligation de prêter serment selon une nouvelle formule peu différente de la première, que l'on commença à sévir contre les réfractaires. M. Magnier, qui rentrait dans cette catégorie, n'était pas homme à reculer devant son devoir, même au prix de l'exil ou de la mort. Il eut bientôt l'occasion de montrer son énergie et la puissance de ses convictions.

Monsieur Volfius, évêque civil du département de la Côte-d'Or, avait envoyé aux autorités municipales une lettre qui fixait une fête civile au 28 mai 1792. La municipalité recéenne enjoignit donc à M. Magnier d'avoir à dire ce jour-là messe et vêpres en grande solennité, et ordonna même que tous les citoyens célèbreraient cette fête *sous peine de 3 livres 5 sous d'amende*. Le 27, qui était un dimanche, M. Magnier annonça qu'il voulait bien dire la messe à 10 heures le lendemain; mais il fit remarquer que ce n'était point une fête ecclésiastique, que ceux qui la demandaient en répondraient devant Dieu, qu'elle n'était point obligatoire, et qu'il engageait même les bons citoyens à travailler sans aucun scrupule.

Le matin de cette prétendue fête, il trouva moyen d'écrire sur le registre de la municipalité, à côté de l'arrêté porté par elle, l'accusation et la sommation suivantes :

« Vu le réquisitoire et l'arrêté ci à côté, nous, Jean-

« Etienne Magnier, curé de Recey, accusant d'abord ledit
« arrêté d'imposture comme concernant des faits absolu-
« ment faux; — répondant à l'arrêté, nous disons que nous
« interjetons appel au tribunal du district, seul fait pour
« en connaître et le condamner, comme surpassant les
« pouvoirs de la municipalité, étant de plus contraire à
« toutes les lois tant anciennes que nouvelles, et de plus
« inconstitutionnel; — nous sommons les officiers qui
« se sont soussignés de s'en désister dans les 24 heures,
« les déclarant responsables des suites qui pourraient en
« résulter; — nous les sommons de plus de nous présenter
« les lois auxquelles ils prétendent que nous ne nous con-
« formons pas, voulant leur montrer l'exemple de la plus
« parfaite obéissance à icelles; — nous déclarons pareille-
« ment que nous rendons responsables tout officier, sol-
« dat, ou autre personne, qui osera le mettre à exécution;
« — nous les sommons tous de fournir leurs moyens au
« tribunal établi par la loi, pour que nous puissions y
« répondre (1).

« Fait à Recey le 28 mai 1792.

« *Signé* Magnier, curé. »

Il ne fallait pas manquer de courage pour oser faire une pareille réponse en ces jours d'effervescence et de désordre. Mais une grave atteinte était portée à la liberté du ministère ecclésiastique. M. Magnier n'avait garde de se montrer faible, et voilà pourquoi nous le trouvons si ferme et si énergique en cette circonstance.

Outre la fête demandée par la municipalité, il s'agissait encore de reconnaître solennellement M. Volfius pour légitime évêque. Sommé par le maire et la garde nationale de donner son avis sur ce point, il répondit que ces Mes-

---

(1) Cette réponse a été biffée de quatre traits de plume formant deux sautoirs; mais elle est restée parfaitement lisible.

sieurs n'avaient point le droit de lui faire cette demande. Interrogé ensuite pourquoi il n'était point allé, comme à l'ordinaire, dire la messe à Ménesbles, alors annexe de Recey, pour y célébrer cette fête, il déclara qu'il n'avait reçu aucun pouvoir à ce sujet.

Non content d'avoir donné ces preuves de son inviolable attachement aux règles de la discipline ecclésiastique, il profita de l'occasion qui se présentait pour montrer qu'il ne craignait ni les persécutions ni la mort. A la messe de ce même jour, il monta en chaire après l'Evangile, et comme, la veille, on avait voulu l'entraîner à l'Eglise pour lui faire prêter le serment schismatique, il s'écria avec un accent de foi sublime : « Qu'attendez-vous » de moi, mes frères? Un serment coupable?..... Jamais » vous ne l'obtiendrez. » Puis, s'adressant aux gardes nationaux, il leur dit : « Tirez sur moi, et faites de ma » personne ce que vous voudrez; je suis prêt à sacrifier » ma vie pour mon Dieu. » On dit même qu'en prononçant ces paroles, il découvrit sa poitrine, et que le chef de la garde nationale donna ordre de faire feu sur lui. Personne, heureusement, n'eut le triste courage de commettre ce crime.

Mais, à la vue de cette scène, il y eut une grande émotion dans l'assemblée, et la plupart des assistants sortirent précipitamment de l'Eglise en criant: « *Nous sommes* » *perdus.* » Jamais ce lieu béni n'avait été témoin d'un spectacle aussi effrayant.

Le digne prêtre put cependant achever le saint sacrifice et s'y offrir lui-même en holocauste avec la divine Victime.

Après la Messe, l'adjudant du bataillon, sur l'ordre de ses chefs et sur l'invitation *des bons citoyens présents, donna connaissance audit sieur Magnier* des arrêtés du Directoire du département. Il lui notifia, entre beaucoup d'autres, les arrêtés du 8 avril 1791, et du 11 mars 1792, et la loi du 14 janvier 1792. M. Magnier répondit qu'il considérait tous ces actes comme nuls et non avenus.

Ceci se passait à l'église ou tout près de l'église, qui avoisine elle-même la cure et ses dépendances.

Avant de le laisser rentrer chez lui, on l'invita à donner les clefs de la sacristie et du presbytère, à la porte duquel on avait placé des sentinelles pour l'intimider. Se sentant blessé dans sa liberté personnelle par cette nouvelle injustice, il passa devant sa porte sans vouloir entrer, et il alla demander l'hospitalité à quelques paroissiens fidèles et dévoués.

Dans la soirée, il revint pour les Vêpres, après quoi on lui redemanda les clefs; il refusa de les rendre. Mais l'autorité décida qu'on les reprendrait par force, s'il le fallait, et que, si *ledit sieur Magnier* faisait rébellion, il serait conduit à Châtillon par la garde nationale. Dès lors on fit invasion dans le presbytère, qui fut livré au pillage. Tout, depuis ses meubles jusqu'à sa vaisselle, fut jeté dehors ou *placé en lieu de sûreté*, disent les registres du temps, c'est-à-dire gaspillé et perdu.

IV.

Persécution de M. Magnier; il est obligé de se cacher d'abord, puis de s'enfuir. — Événements occasionnés par son départ.

En présence de ces excès de fureur, il fallut songer à se cacher ou à fuir. M. Magnier usa de ces deux moyens.— Il se cacha d'abord, dans la pensée que le calme renaîtrait après l'orage et qu'il pourrait continuer à exercer son ministère. Il trouva chez un de ses paroissiens, nommé Bonnefoi, un refuge à peu près sûr, mais surtout un grand dévouement. Accablé par les émotions de la journée, il ne voulut prendre qu'un œuf pour toute nourriture, cédant aux instances réitérées de la femme, qui était alors seule à la maison.

Peu après, les révolutionnaires vinrent à sa recherche, munis de bâtons et d'autres armes offensives. La femme

Bonnefoi fit alors cacher M. Magnier dans une armoire; puis elle se présenta intrépidement à sa porte, un instrument tranchant à la main, et demanda à ces hommes exaltés ce qu'ils voulaient :

— « Le réfractaire, » s'écrièrent-ils.
— « Que lui voulez-vous ? »
— « Nous voulons le voir..... laisse-nous entrer, citoyenne. »
— « Vous n'entrerez pas, » répliqua-t-elle, en les menaçant de la parole et du geste.

Cette résistance sauva peut-être la vie à M. Magnier ; du moins elle lui épargna de graves insultes. Les révolutionnaires n'osèrent franchir le seuil de la porte, et s'en retournèrent sans coup férir.

Ils crurent sans doute que l'exploit qu'ils venaient de faire suffirait pour épouvanter le saint prêtre et l'obliger à prendre la fuite. Ils se trompaient. Le bon pasteur n'abandonne son troupeau que lorsqu'il a perdu tout espoir de lui être utile.

Du fond de son cachot, M. Magnier correspondait encore avec les siens. Un prêtre nommé Desmurs, vicaire de Beaunotte, qui le remplaçait dans l'exercice du ministère pastoral, lui servait d'intermédiaire. Il put même, par l'entremise de ce prêtre, adresser à la municipalité une lettre par laquelle il demandait à continuer ses fonctions de curé. A cette nouvelle, il y eut dans la paroisse une manifestation de sentiments contradictoires. Les chrétiens dévoués entraient parfaitement dans ses vues ; mais les officiers municipaux n'étaient pas du même avis. *Ils s'étaient aperçus, disent-ils, que le sieur Magnier avait écrit cette lettre en ce lieu, et ce, dans la vue d'exciter de nouveaux troubles et des fermentations.* A leurs yeux, cet homme était un perturbateur du repos public. Les Juifs avaient déjà fait ce même reproche à N. S. Jésus-Christ. On voit que les méchants de tous les temps se ressemblent.

Ceux-ci se transportèrent donc au domicile du sieur Bonnefoi, où ils trouvèrent M. Magnier, et le prièrent de s'éloigner du pays pour éviter les dangers qui le menaçaient. *Ledit sieur Magnier leur répondit d'un air extravagué* (sic) *qu'il entendait faire les fonctions de curé de Recey.* Sur cette réponse, le maire lui déclara que, s'il ne s'éloignait pas, il allait commander au chef de bataillon de le faire conduire à Châtillon par un détachement de fusiliers. Il aurait tenu parole si M. Magnier, jugeant que le moment était venu de prendre la fuite, ne l'eût assuré qu'il quitterait sans retard la paroisse. La famille Bonnefoi, désolée de cette affreuse nécessité, lui donna le seul écu de six francs qui fût en sa possession, et il partit, en effet, le 10 juin 1792, aussi secrètement qu'il put. Mais il était à peine sorti de Recey, que tout le monde savait son départ.

A cette occasion, il se passa un événement bien touchant. Le digne pasteur fut encore poursuivi; mais, cette fois, il n'était pas question d'attenter à ses jours : c'était une multitude d'enfants qui couraient à sa suite pour le rejoindre et recevoir une dernière fois sa bénédiction. Il y avait peu de temps, en effet, qu'il avait fait des premières communions, et tous ces jeunes cœurs qu'il avait préparés au banquet sacré n'avaient point oublié ses conseils. Leur démarche en était une preuve manifeste. Plusieurs pleuraient et jetaient des cris lamentables, comme si on leur eût enlevé leur propre père. M. Magnier ne fut point insensible à cette démonstration affectueuse et reconnaissante. Il s'arrêta et les attendit sur le chemin. Quand ils furent en sa présence, il les exhorta à ne point s'inquiéter pour lui, mais à retourner tranquillement chez leurs parents, à se conserver pieux et bons, et à prier pour la cessation des calamités présentes. Puis il les bénit et continua sa route, en entendant leurs gémissements et l'expression de leurs regrets.

Comme il était déjà tard, il fut obligé de chercher un abri pour passer la nuit. Cette nouvelle épreuve était bien petite en comparaison de celle qu'il venait d'essuyer, en se séparant de sa paroisse et surtout des enfants qu'il avait élevés. Il avisa une roche profonde qui lui permit de prendre un repos agité de mille pensées diverses. Le matin étant venu, il reprit son chemin et gagna Langres. Là il fut accueilli dans une maison dont nous regrettons de ne pas connaître le nom; car nous ne savons si ses parents étaient encore de ce monde. Son séjour en cette ville fut de courte durée : il craignait de compromettre ses hôtes, en s'exposant lui-même à être découvert et maltraité. C'était le moment où les prêtres émigraient en masse : la persécution était générale.

Cependant la paroisse qu'il venait de quitter, les bonnes âmes qu'il avait laissées comme orphelines et exposées aux atteintes de vils mercenaires (1), étaient loin d'avoir oublié les leçons et le souvenir de leur légitime pasteur. Elles étaient si inquiètes sur son sort, que plusieurs personnes pieuses (2) avaient résolu d'aller le visiter, ou plutôt de lui faire parvenir à Langres une lettre pour avoir de ses nouvelles et recevoir un mot de consolation. Cette lettre était écrite; mais comment lui arriverait-elle? Là était la difficulté. L'adresser à M. Magnier, c'était découvrir sa retraite; la remettre à une personne de confiance, c'était exposer cette personne elle-même à toutes sortes de misères. Dans cette extrémité, une sœur Récollette, alors retirée dans sa famille, voulut se dévouer et la porter personnellement, mais si bien cachée, qu'on ne pût soupçonner son secret. Elle la plaça dans un de ses bas. Pauvre fille! elle ne se doutait pas que quelque langue indiscrète ferait avorter ce projet presque téméraire. La chose ayant été

---

(1) Ce n'est que le 21 novembre 1792 que la municipalité de Recey nomma, pour faire les fonctions ecclésiastiques, M. Henrion, prêtre assermenté; mais il est certain que la paroisse, depuis le départ de M. Magnier, avait vu plusieurs fois des prêtres constitutionnels.

(2) C'étaient surtout une dame Oudet, et deux religieuses Récollettes que la révolution avait obligées à quitter leur maison de Château-Vilain, les deux sœurs Mignard.

découverte, elle fut condamnée avec plusieurs autres à avoir les cheveux coupés, et à subir une punition plus pénible encore (1).

D'ailleurs, sa démarche eût été complétement inutile; car M. Magnier n'était déjà plus en France. Il s'était acheminé vers la Suisse, sous un costume d'emprunt, aussi rapidement et aussi secrètement qu'il avait pu, pour échapper aux rigueurs révolutionnaires qui le poursuivirent jusque-là.

V.

Exil de M. Magnier en Suisse et à Rome. — Résumé des événements terribles qui se passèrent pendant ce temps. — Fin de l'exil.

Arrivé sur le sol étranger, il put, comme les Juifs captifs à Babylone, comme saint Vincent de Paul prisonnier à Tunis, répéter en gémissant ces paroles du Psalmiste : « *Sur les fleuves de Babylone nous nous sommes assis, et* « *nous avons pleuré au souvenir de notre pauvre patrie* « *en proie aux factions et aux malheurs du crime et de la* « *révolte. Nous avons suspendu nos instruments de chant* « *aux saules qu'elle nourrit..... Souvenez-vous, Seigneur,* « *au jour de Jérusalem, des enfants d'Edom qui disent :* « *Anéantissez, anéantissez jusqu'à ses fondements...* » (Ps. CXXXVI).

Seulement, au lieu de maudire, à l'exemple du prophète, la fille de Babylone, il la bénissait. Elle lui offrait l'hospitalité et une sécurité que sa patrie elle-même lui avait refusée. De son côté, il ne fut pas ingrat. Il travailla, comme ses compagnons d'exil, à lui rendre la pureté de la foi qu'elle avait perdue. C'est ainsi que Dieu sait tirer le bien du mal, et faire tourner à sa gloire les épreuves mêmes de ses servi-

(1) Elles furent exposées, sur la place publique, à la risée de tous les mauvais sujets, en portant un balai qu'on leur avait attaché derrière le dos.

teurs. En Angleterre, les prêtres français émigrés firent, par leur science et leurs vertus, tomber bien des préjugés enracinés dans le cœur de cette nation, et c'est peut-être à leurs exemples que l'on doit aujourd'hui ces retours si consolants et si fréquents au catholicisme. En Suisse les mêmes résultats eurent lieu par suite des mêmes exemples de patience, de résignation, de fidélité aux devoirs ecclésiastiques. L'exil de nos prêtres y fut employé à la production d'ouvrages religieux fort estimés et à l'apostolat de la prière. M. Magnier ne manqua pas surtout à ce dernier devoir. Le désir de ramener à la vraie foi ses frères égarés doublait sa piété, et, sans oublier sa propre patrie, il priait avec une ardeur infatigable pour le pays qu'il foulait et que l'hérésie tenait en sa possession.

Malgré les douleurs et les privations de l'exil, il savait encore trouver le moyen d'être enjoué, gai et libéral. Un jour qu'il parcourait les rues d'une ville de Suisse, il entendit tout à coup une voix l'appeler par son nom. Loin de la patrie, une telle circonstance a un charme indicible. Agréablement surpris de cette interpellation, M. Magnier cherche des yeux la personne qui l'a prononcée. C'était un grenadier français, accompagné de quelques camarades, qui avait cru reconnaître son ancien Pasteur. M. Magnier s'approche de ce soldat, et lui dit :

— « *Vous me connaissez donc, mon ami?*

— *Oui, Monsieur : vous êtes bien, si je ne me trompe, M. le Curé de Recey ?*

— *Précisément ; mais comment pouvez-vous me connaître ?*

— *Pour une raison bien simple : c'est que je suis moi-même de Recey.*

— *Qui êtes-vous donc ?*

— *Je suis G..... fils de R. G.....* »

A ces mots, M. Magnier se rappelle parfaitement qu'il avait à Recey un paroissien de ce nom ; mais quant au fils de cet homme, il avait cru apprendre sa mort pendant qu'il était encore dans sa paroisse. Mieux que cela, il avait célébré son service funèbre et dit plusieurs messes pour lui. Tous ces faits lui revenant à la mémoire, il dit au grenadier : « *Eh bien ! mon cher ami, si vous êtes le fils de R. G..... vous êtes mon débiteur : j'ai fait votre service. On vous a dit et cru mort. Quoi qu'il en soit, par cela seul que vous êtes de Recey, voilà six francs pour boire à ma santé.* » Le soldat remercia avec effusion son ancien curé, et ils se séparèrent heureux de s'être ainsi rencontrés sur la terre étrangère.

Peu après ce petit événement, M. Magnier quitta la Suisse pour passer en Italie. Le but de son voyage était Rome, la ville des grands souvenirs. Il y arriva en fidèle pèlerin. Comme elle fut occupée plus tard par les troupes françaises, il y retrouva encore des soldats de sa connaissance. Mais ce qu'il y trouva surtout, ce fut la consolation d'un fils dévoué à l'Eglise et à son illustre chef. Sa foi et son courage prirent encore une nouvelle extension à la vue des monuments religieux de la Ville Eternelle et du Vicaire de Jésus-Christ, qui devait connaître, lui aussi, le chemin de l'exil. Il alla se jeter à genoux auprès du tombeau des saints Apôtres et renouveler ses prières pour sa malheureuse patrie. Devait-il la revoir un jour, ou mourir, comme Pie VI, loin de son pays et de ceux qu'il aimait?

Il passa à Rome la plus grande partie du temps de sa captivité, suivant avec intérêt, autant que le lui permettaient les nouvelles souvent contradictoires qu'il apprenait, les événements qui se consommaient en France, et qui pouvaient faire espérer le retour de jours meilleurs. Mais le spectacle qu'elle offrait alors n'était pas de nature à rassurer le pauvre exilé.

L'assemblée législative avait fait place à la Convention, et la Convention, après avoir déclaré Louis XVI déchu de la royauté, n'avait mis aucune borne à ses fureurs. Les massacres inouïs des journées de septembre, le jugement, la condamnation et l'exécution inique du roi martyr, avaient donné une idée des horreurs que l'on pouvait attendre de ce gouvernement sanguinaire. C'était bien là le Règne de la Terreur. Nul n'était en sûreté chez soi, et le citoyen le plus innocent pouvait être accusé par le premier révolutionnaire venu et condamné sans appel. La guillotine était en permanence ; les prêtres et les nobles faisaient surtout les frais de cet instrument de destruction. Un million de victimes périrent pour le plaisir de Robespierre et de ses amis.

Ce n'est pas tout : des ordres furent donnés pour le pillage des églises et la suppression du culte catholique. Rien de ce qu'il y a de plus sacré au monde ne fut respecté : les vases sacrés, les ornements sacerdotaux, les linges d'autels, les autels eux-mêmes, furent souillés et profanés. Les églises furent dévastées, fermées, quelques-unes démolies ; on fondit les cloches et on abattit quelques clochers.

Les tombeaux mêmes virent les révoltés s'acharner après les cendres de nos rois. Il fut défendu sous peine de mort de renouveler ce que l'on appelait les mystères de la superstition. L'auguste sacrifice de nos autels fut remplacé par le culte de la déesse Raison, représentée elle-même par une infâme prostituée.

Dans les campagnes les prêtres qui avaient pu échapper au fer révolutionnaire se tenaient cachés chez des parents ou des amis sûrs. Ils ne pouvaient administrer les sacrements, même aux mourants, qu'à la dérobée, et il fallait des précautions inouïes pour parvenir de loin en loin à célébrer les saints mystères dans des caves ou dans des granges.

Sous le Directoire, qui succéda à la Convention, il y eut quelque relâche dans le régime de terreur qui avait fait tant de martyrs ; mais la haine pour la religion catholique et pour son chef n'avait rien perdu de sa force. A Rome, M. Magnier fut témoin des violences auxquelles fut soumis le Pape Pie VI. Il admira son héroïque courage, et assista à son départ forcé pour l'exil, d'où il ne devait pas revenir, puisqu'il mourut à Valence le 14 juillet 1799.

Avec lui semblait être mort le catholicisme lui-même. Mais Dieu n'est jamais plus près de son Eglise que quand il en paraît plus éloigné. Quelques mois après cette mort, l'élection de Pie VII trompa bien des espérances et raffermit bien des courages. M. Magnier salua cet événement comme le prélude d'une ère nouvelle. Il ne se trompait pas : ses prévisions et ses vœux allaient se réaliser.

VI.

Rétablissement du culte. — Nouvelle circonscription des paroisses. — M. Magnier nommé à la succursale de Minot. — Sa rentrée à Recey, et sa réception chez M. Lacordaire. — Il rend l'Eglise au culte et pourvoit à son mobilier liturgique. — Jeanne-Marie Febvre.

En 1801, grâce aux sentiments tant religieux que politiques de Napoléon Bonaparte, alors premier consul, grâce surtout au concordat régulier conclu entre le Souverain Pontife et lui, la paix et la liberté furent rendues à l'Eglise de France. La religion sortit du secret où elle s'était réfugiée, et reprit la place d'honneur qui lui convient. Le culte se rétablit, les églises se rouvrirent, et le ministère pastoral reparut, entouré de confiance et d'amour. Dès lors les portes de l'exil étaient tombées, et les exilés avaient le droit de revoir leur chère patrie.

M. Magnier put donc rentrer en France, avec l'espoir de reprendre possession de son ancienne paroisse. Mais cet espoir allait lui être enlevé pour un instant.

Par suite du concordat, les évêques devaient *faire une nouvelle circonscription des paroisses de leurs diocèses*, laquelle serait soumise *au consentement du gouvernement* (art. 9). Il s'ensuivait que les titulaires précédents avaient perdu tous droits sur leurs cures, et qu'ils ne pouvaient en revendiquer ni la possession ni le titre.

Aussi, à la suite du *décret exécutorial* de Mgr Henri Reymond, évêque de Dijon, *sur la circonscription des paroisses et succursales du diocèse de Dijon*, et sur la *nomination* de leurs curés et de leurs desservants, Jean-Etienne Magnier est-il simplement porté comme *desservant* de Minot, dans *la justice de paix d'Aignay*, selon le style de l'époque, tandis que Pierre Champesme est nommé curé de Recey.

Ce décret est daté du 15 nivôse an 11 (5 janvier 1803).

Nous ne savons, il est vrai, si M. Magnier fit jamais connaissance avec son nouveau poste; mais ce qui est certain, c'est qu'il fut, pendant l'année 1803, réintégré dans les fonctions de curé de Recey, et qu'il n'avait pas attendu cette époque pour se rendre au milieu de son ancien troupeau, resté fidèle en grande partie.

En revenant de la terre étrangère, il s'était arrêté à Dijon, où il avait passé quelque temps. C'est de là qu'il s'était acheminé vers le lieu où le rappelaient de chers souvenirs. C'était au mois d'août 1802 : on était alors en moisson. Bien des gens le virent, de leurs champs, descendre la colline qui regarde le bourg de Recey, et le reconnurent malgré son costume laïque tout usé et malgré les années de captivité qui l'avaient bien vieilli. Il demanda l'hospitalité à un homme dont les idées, dit-on, n'étaient pas de tout point conformes aux siennes, mais homme d'honneur et de bien avant tout.

C'était M. Lacordaire, père de l'illustre dominicain de ce nom (1).

Pendant l'exil du vieux prêtre, qu'il considérait comme son meilleur ami, M. Lacordaire avait correspondu avec lui autant que les circonstances l'avaient permis. A son

---

(1) Henri-Dominique Lacordaire, restaurateur de l'ordre des Frères Prêcheurs en France, naquit à Recey-sur-Ource, quelques mois avant le retour de M. Magnier, c'est-à-dire le 22 floréal an 10, qui répond au 12 mai 1802. Son père, Nicolas Lacordaire, exerçait à Recey la profession de médecin; sa mère s'appelait Anne Dugied. — Son acte de naissance se trouve sous le n° 6 dans le registre des actes de l'état civil de la commune (année 1802); mais son acte de baptême, que j'avais vainement cherché dans les registres parois-

retour, il le logea chez lui, jusqu'à ce qu'il pût reprendre possession de la cure.

La première fois qu'il célébra les saints mystères à l'église, rendue au culte par ses soins, on vint le chercher en procession chez son hôte, et il y eut dans la journée des scènes de réjouissances publiques où M. Lacordaire fit les frais de libéralité que son ami n'aurait pu faire.

Plus tard, M. Magnier racontait lui-même la profonde émotion qu'il ressentit en ce jour où il reçut autant et bien plus de témoignages d'affection et d'estime qu'il n'avait reçu précédemment d'affronts et d'injures. Ce fut ce même jour-là, sans doute, qu'il déclara solennellement à la messe qu'il oubliait tout ce qu'on lui avait fait souffrir, et qu'il était disposé à ne s'en ressouvenir jamais.

Réinstallé dans son presbytère, il fit, comme un nouveau curé, des visites pastorales, sans distinction d'amis ou d'ennemis; puis il se mit à l'œuvre pour réparer les ruines que la révolution avait causées.

« Il avait trouvé son église horriblement profanée et
« détournée de sa destination religieuse. Il ne suffisait donc
« pas de la rendre au culte: il fallait y rétablir le mobilier
« liturgique et y entretenir la décence et la propreté. Il
« choisit, entre ses paroissiennes, celles qui lui semblèrent
« le mieux disposées pour cette œuvre de réparation et
« pour le service de la maison de Dieu (1). »

Parmi elles, il distingua surtout une jeune fille, nommée Jeanne-Marie Febvre, qui appartenait à une famille vraiment patriarcale et qui annonçait des vertus solides, quoique précoces. Il la nomma sacristine, et elle

---

siaux, a été découvert par M. l'abbé Paris, curé de Luccey, parmi les actes religieux de sa paroisse. Il porte la date du 13 mai 1802, et est signé : Leblond, desservant de Luccey. Cependant il est certain que le Père Lacordaire fut baptisé à Reccy, puisqu'un jour, en entrant à l'église de cette paroisse avec M. N..., curé de X..., il se jeta à genoux, et s'écria : « C'est ici, Monsieur le curé, que j'ai reçu les premières grâces du christianisme. »

(1) M. l'abbé Godard. (*Vie abrégée de la Sœur Françoise*, p. 14.

s'acquitta de ces fonctions honorables avec tant d'exactitude, de dévouement et de goût, qu'elle lui fut d'un grand secours pour l'entretien et la décoration de son église. Quelques années après, elle dirigea ses pensées et ses désirs du côté de la vie religieuse. M. Magnier la soutint dans cette voie, et il eut l'honneur d'avoir préparé la première supérieure d'un ordre naissant, l'ordre des Sœurs de la Providence de Langres.

VII.

Un mot sur Marie-Anne Baillot, domestique de M. Magnier et dispensatrice de ses bonnes œuvres. — Grande charité de son maître.

Pour distribuer ses aumônes et répandre ses bienfaits, M. Magnier fut servi par une autre femme non moins sage et non moins dévouée. Elle se nommait Marie-Anne Baillot, et avait reçu le jour à Buncey-sur-Seine le 11 février 1772. Ses parents, chrétiens de la vieille roche, lui avaient enseigné de bonne heure la science de la vertu, et, dès sa plus tendre jeunesse, on remarqua en elle une grande modestie, une grande piété, et une tendance prononcée à la commisération envers les pauvres et les malades. Entrée au service de M. Magnier en 1801, elle resta chez lui jusqu'à sa mort. *C'est à l'école et sous la direction de ce saint prêtre qu'elle acheva de se former à la piété* (1).

Elle était plutôt la dispensatrice de ses nombreuses charités que sa domestique. Elle savait distribuer avec une rare habileté chrétienne le pain et les autres aliments destinés aux pauvres. Elle visitait les malades, et avait pour eux des douceurs particulières. Elle les soignait de ses propres mains, et leur portait du presbytère ce qui convenait le mieux à leur état. Puis elle accompagnait ses

---

(1) M. l'abbé S....., Notice sur Marie-Anne Baillot.

soins de paroles encourageantes, de consolations, et d'exhortations à la sainte patience. Mais elle faisait tout cela avec tant de bonté, tant de douceur et tant de modestie, que chacun en était touché. Si on lui témoignait de la reconnaissance, elle s'effaçait complétement, et disait qu'elle ne faisait que la volonté de son maître.

Aussi M. Magnier avait-il mis en elle une confiance sans bornes. Comme témoignage de son estime, il lui laissa en mourant une pension viagère annuelle de 300 francs, payable par semestre, avec un petit mobilier suffisant pour elle. En retour de ces legs, elle devait dire chaque jour son chapelet pour le repos de son âme, de celles de son père, de sa mère et de son frère (1). Elle remplit cette obligation tous les jours de sa vie avec une exactitude et une ferveur qui ne se sont jamais démenties. Et quand, rentrée dans son pays natal pour y vivre comme en retraite, il lui arrivait de parler de son maître, elle ne le faisait jamais sans verser des larmes abondantes et sans rappeler sa bonté, sa piété, sa charité, et le pardon qu'il exerça envers ses ennemis.

Cette sainte fille continua à Buncey et en son propre nom les bonnes œuvres qu'elle avait l'habitude de faire au nom de M. Magnier. Nourrie chaque jour du pain des Anges à la table sainte, elle trouvait chaque jour le moyen de s'imposer quelques sacrifices pour les pauvres, les malades ou des parents nécessiteux. Elle mourut en 1857, à l'âge de 85 ans. Sa vie et sa mort lui ont justement mérité le surnom de *Sainte de Buncey*.

Il ne faut pas croire, d'ailleurs, que M. Magnier se déchargeait totalement sur d'autres du soin de pratiquer les œuvres de charité. Il agissait lui-même, et il était heureux de faire du bien à tous ses paroissiens sans exception. S'il avait quelque prédilection particulière, c'était surtout pour les pauvres et pour ceux qui avaient cherché à lui

---

(1) Testament de M. Magnier.

faire du mal. Loin d'avoir eu jamais la pensée de se venger de ses ennemis, il déplora amèrement les châtiments que la Providence leur envoyait, en punition sans doute des injustices qu'ils avaient commises envers lui. Il ne tint donc pas à lui qu'ils ne fussent heureux même après leur attentat contre sa personne : il se fit un plaisir de les obliger en leur prêtant l'argent dont ils avaient besoin, et en leur rendant tous les services qui étaient en son pouvoir. Ce qu'il avait annoncé, du haut de la chaire, à son retour de l'exil, il l'accomplit à la lettre : il oublia tout le mal qu'on lui avait fait. Et, pour mieux prouver la sincérité de son pardon, il acquitta, avant de mourir, toutes les obligations qu'il avait entre les mains, en sorte qu'après sa mort, tous ses débiteurs, ennemis ou autres, se trouvèrent libérés de leurs dettes. On se rappelle très-bien, aujourd'hui encore, à Recey, qu'il ne chantait jamais ces paroles de l'Oraison dominicale : *Pardonnez-nous nos offenses, comme nous pardonnons à ceux qui nous ont offensés,* sans être en quelque sorte arrêté par l'émotion et les larmes. C'est ainsi que se vengent les saints.

VIII.

Zèle de M. Magnier. — Il forme le dessein de fonder une école de filles à Recey. — Sa mort. — Son testament. — Réalisation de son projet au moyen des revenus qu'il laisse à la commune.

En s'occupant si généreusement du bien-être matériel de son peuple, M. Magnier ne négligeait rien de ce qui concernait les choses spirituelles de son ministère. Les mercenaires, pendant son absence, avaient singulièrement maltraité le troupeau. Outre leur incurie dans l'administration des sacrements et les préjugés qu'ils avaient cherché à répandre, ils avaient béni un grand nombre de mariages que la bonne foi seule pouvait excuser de la part des contractants. Il fit savoir que ces mariages étaient illégitimes et frappés de nullité, et il s'appliqua à les réhabiliter. Il conféra aussi le baptême à des enfants déjà avancés en âge, qui ne l'avaient pas encore reçu, et il s'assura si les autres l'avaient reçu en bonne et due forme. Il avait soin de consigner dans les registres de paroisse tous ces actes et tous ceux dont il obtenait la certitude, afin que leur authenticité ne fût pas contestée dans l'avenir.

Mais ce qu'il avait surtout à cœur, c'était l'éducation et l'instruction de la nouvelle génération. « *La Révolution,* « *dit M. l'abbé Godard, avait laissé croupir la jeunesse* « *dans une ignorance profonde ; on lui avait inoculé le* « *venin de nombreuses erreurs. M. Magnier gémissait sur* « *la situation de cette partie si précieuse de son troupeau,* « *et cherchait devant Dieu le moyen de remédier à un mal* « *qui en engendre tant d'autres. Le ciel exauça les vœux* « *du Pasteur, en mettant dans ses mains les ressources* « *nécessaires à la fondation d'une école chrétienne. Le* « *frère de M. Magnier vint à mourir, et lui laissa toute sa* « *fortune. Ce dernier reconnut à l'instant les volontés de* « *la Providence : il recueillit la succession, et la consacra* « *aussitôt à créer un établissement pour l'éducation des* « *jeunes filles et pour les malades de sa paroisse* (1). »

Malheureusement, il n'eut pas le temps d'accomplir cette bonne œuvre. La mort le surprit au pied des autels, le jour de la Toussaint 1806, au moment où il se disposait à dire la sainte messe. Il fut foudroyé par une attaque d'apoplexie. Jeanne-Marie Febvre, la future supérieure de la Providence de Langres, était déjà à l'église, occupée à donner la dernière main à sa décoration. Ce fut elle qui recueillit ses derniers soupirs. Bientôt tout le pays apprit la triste nouvelle. Chacun accourut au presbytère pour contempler une dernière fois les traits du vieux prêtre qui s'était montré si bon pour tous et dont la vie avait été une suite continuelle de prière, de patience, de dévouement et

(1) Vie abrégée de sœur Françoise.

de charité. Ses funérailles furent de celles qui révèlent tout à la fois une perte cruelle et un profond attachement. Le deuil fut général.

Cet événement subit et inattendu fit craindre que ses desseins ne pussent pas se réaliser; « *mais il avait tout prévu par son testament, et l'on en poursuivit fidèlement l'exécution* (1). » Voici en quels termes il exprimait ses dernières volontés à cet égard un peu plus d'un an avant sa mort : « *Le bien que je laisse à la commune de*
« *Recey servira à l'entretien de deux filles ou sœurs de*
« *la Providence tirées de l'établissement de Langres, pour*
« *enseigner les petites filles et soigner les malades de Recey*
« *suivant leurs instituts.*

« *La commune leur fournira un logement convenable.*
« *Les supérieures des sœurs de la Providence établies à*
« *Langres seront dépositaires des titres, receveurs et*
« *administrateurs des biens et revenus que je laisse pour*
« *le traitement des deux sœurs de la Providence qui de-*
« *meureront à Recey. Le surplus servira au soulagement*
« *des pauvres malades de Recey, pour lesquels lesdites*
« *sœurs consulteront les curés mes successeurs.*

« *Je nomme pour mes exécuteurs testamentaires les*
« *supérieures des sœurs de la Providence établies à Langres.*
« *En cas d'obstacle, je nomme Mgr. l'évêque de Dijon*
« *actuel, et après lui ses successeurs* (2). »

En vertu de ces dispositions testamentaires, il n'y avait plus qu'à accepter le legs et à s'occuper d'un logement pour recevoir les religieuses qui devaient remplir les intentions de M. Magnier. C'est ce que fit la municipalité de Recey. Elle loua une maison particulière, en attendant qu'elle pût en construire une plus convenable; et, aussitôt que la communauté naissante eut des sujets à sa disposition, elle y envoya deux religieuses.

(1) Vie abrégée de sœur Françoise.
(2) Testament de M. Magnier.

Jeanne-Marie Febvre devait y venir elle-même après son noviciat et sa profession. Mais, préférant rester éloignée de son pays pour n'être point exposée à perdre l'esprit religieux au centre de sa famille et de ses amies d'enfance, elle demanda et obtint comme une grâce de n'y être pas nommée. On envoya à sa place, en 1809, sœur Claire et sœur Catherine, qui furent reçues comme des anges par la population de Recey.

C'était la quatrième maison que la nouvelle Congrégation fondait.

Depuis lors la paroisse a constamment joui des bienfaits que savent répandre autour d'elles ces dignes filles de la Providence. Elles continuent l'œuvre de M. Magnier, en prolongeant en quelque sorte son existence au milieu de son peuple. Elles instruisent gratuitement les petites filles, et leur apprennent ce qui leur est nécessaire pour devenir des femmes vertueuses, chrétiennes, et capables de répondre honorablement aux exigences de leur condition. Ensuite, elles visitent et soignent les malades; du moins, elles leur rendent tous les petits services que leur laisse le soin des écoles. Cette noble mission se partage aujourd'hui entre quatre religieuses. Deux n'avaient point suffi à la tâche; il a fallu en envoyer une troisième, et, il y a quelques années, grâce à la générosité chrétienne de M. J. Bougueret, de Voulaines, on en a obtenu une quatrième.

IX.

Translation des cendres de M. Magnier de l'ancien cimetière dans le nouveau.

Si M. Magnier n'eut pas la satisfaction de voir son œuvre fonctionner durant sa vie, il est du moins permis de croire, d'après ce qui vient d'être dit, qu'il l'a beaucoup favorisée du haut du ciel, où la piété de la population recéienne se plaît à le placer et à l'honorer. Ces sentiments de reconnaissance et d'affection sont si vivants, qu'étant donnée une circonstance opportune, ils se manifesteraient avec un éclat extraordinaire.

Or, ce que nous supposons ici n'est pas une simple hypothèse : c'est un fait qui s'est déjà réalisé.

En 1848, la municipalité de Recey ayant voulu remplacer le vieux cimetière qui entourait l'église, on exhuma tous les ossements qui y étaient déposés, pour les transporter dans le nouveau. La sépulture de M. Magnier avait été marquée par une pierre tombale de grossière apparence. A côté de lui avait été inhumé son successeur, M. Morizot, qui avait eu le malheur, pendant la Révolution, d'adhérer en partie à la constitution civile du clergé, mais dont les principes furent assez austères dans la suite.

Quand on découvrit les cendres de ces deux prêtres, M. Bourgeois, alors curé de Recey, était présent avec une foule considérable de personnes. On fut très-étonné de trouver les restes de M. Magnier beaucoup mieux conservés que ceux de son successeur, qui était mort plus de 25 ans après lui. Alors il y eut, de la part des assistants, un de ces cris de joie, une de ces manifestations qui ne s'expliquent que par l'élan d'une grande foi et d'une profonde reconnaissance. On se précipita sur les restes vénérables de M. Magnier. Chacun voulait en posséder quelque chose. Il fallut que M. le curé interposât son autorité, et démontrât que, par respect même pour M. Magnier, on ne devait pas ainsi enlever un à un ses ossements précieux. Malgré cela, quelques personnes gardèrent et gardent encore comme une relique le petit morceau d'ossement qu'elles ont pu soustraire à l'œil du Pasteur.

Après avoir rassemblé pieusement tout ce qui restait de sa dépouille mortelle, on le déposa dans un cercueil en bois, qui fut porté à l'église et déposé lui-même plus tard dans un autre cercueil en pierre. C'était le vendredi 26 mai 1848. Les paroissiens demandèrent que la translation n'eût lieu que le dimanche suivant, afin de donner plus de pompe à la cérémonie et de posséder plus longtemps ces cendres vénérables. Cette demande fut accordée, et la piété des fidèles put être satisfaite.

Le dimanche après Vêpres, on permit aux jeunes filles de faire des couronnes qui furent déposées sur le cercueil de leur bienfaiteur ; et M. Magnier, accompagné de toute la population de Recey, alla reposer, cette fois, dans sa dernière demeure, en attendant le jour de la résurrection. A cette occasion, M. le Maire de la commune prit la parole, et, sur la nouvelle tombe du saint prêtre, il rappela en quelques mots ses principaux titres à l'affection du peuple ; puis il termina en s'écriant : *Honneur, mille fois honneur aux mânes du curé Magnier, bienfaiteur des malheureux !!!*

Dans ces derniers temps, la municipalité renouvela la pierre tombale qui recouvrait les cendres de M. Magnier ; et, pour perpétuer le souvenir de ses bienfaits, elle fit poser à l'Eglise une plaque en pierre polie sur laquelle on lit ces mots :

A LA MÉMOIRE

D'ETIENNE MAGNIER

CURÉ DE RECEY-SUR-OURCE

de 1786 à 1806.

FONDATEUR DE L'ECOLE

DES SŒURS DE LA PROVIDENCE

LES HABITANTS RECONNAISSANTS

1862.

IN MEMORIA ÆTERNA ERIT JUSTUS !

Dijon. — Imp. Bernaudat.

www.ingramcontent.com/pod-product-compliance
Lightning Source LLC
Chambersburg PA
CBHW060515050426
42451CB00009B/990